AF262302

MÉMOIRES

D'UN

DÉTENU.

MÉMOIRES

D'UN

DÉTENU.

A P R È S deux mois de détention, * je suis enfin rendu à la liberté. O vous, que j'ai pris la douce habitude de regarder comme une seconde mère, vous savez si j'avais mérité de la perdre ! Mais l'homme le plus probe n'est pas à l'abri des dénonciations, et j'ai été l'innocente victime des persécutions de mes ennemis. Ma santé en est considérablement altérée : ce terrible événement abrégera la durée de mes jours ; puisse - t - il au moins ne

---

* Ces mémoires ont été écrits à Paris, à la fin de Messidor, an deuxième, dans une maison d'arrêt, d'où l'auteur attendait sa prochaine sortie, qui a eu lieu le 10 Thermidor suivant.

A 2

m'avoir pas fait perdre une réputation acquise par trente-six ans d'une conduite irréprochable, et un patriotisme qui n'a jamais varié ! Né sensible, l'estime publique a toujours été le premier objet de mes vœux ; celle de mes amis le premier besoin de mon cœur. Vous savez quel prix, sur-tout, je n'ai cessé d'attacher à la vôtre ; et ma plus douce consolation, en sortant d'une si cruelle captivité, serait de recevoir l'assurance que vous me l'avez conservée tout entière. Au fond de ma prison, je me suis rappelé avec attendrissement une conversation que j'ai eue un jour avec vous dans une voiture qui me servait à vous reconduire. Supposant, bien gratuitement alors, qu'il m'arrivât quelque malheur, vous m'avez dit, avec ce ton de bonté qui vous caractérise : « Je rassemblerais toutes les femmes pour plaider la cause de leur ami. » Ce souvenir était un baume précieux versé sur mes blessures.

(5)

Éloigné du lieu que vous habitez, je
ne peux me procurer les douceurs d'un
entretien qui aurait pour moi bien des
charmes ; en attendant que j'en trouve
l'occasion, permettez - moi de vous
retracer, par écrit, le tableau de mes
souffrances, et des diverses sensations
que j'ai éprouvées ; il sera mêlé de
réflexions, dont plusieurs ne vous sont
pas étrangères.

Dans la nuit du ...... je dormais
d'un paisible-sommeil. Après les travaux du jour, je reprenais tranquille-
ment les forces nécessaires pour ceux
du lendemain, lorsque des coups redou-
blés me réveillent : j'entends dans le
corridor la voix de plusieurs personnes ;
j'ouvre, et l'on me montre un ordre
légal, auquel tout bon citoyen doit
obéir sans murmurer. Je forme un paquet de quelques linges et vêtemens
pris au hasard, et je m'achemine vers
la maison d'arrêt qui m'était destinée ;

A 3

mais comme je devais être mis au secret, ce n'est qu'à la troisième de ces maisons qu'on a trouvé un local propre pour me déposer. Jeté, à trois heures du matin, dans un parloir, il a fallu y attendre jusqu'à huit que l'on me conduisît dans une chambre, après m'avoir déshabillé et fouillé soigneusement. Pour y parvenir, j'ai monté quatre étages et traversé autant d'affreux guichets, dont les sinistres gardiens ouvraient et refermaient les verrous avec un air barbare, et en proférant quelques mots d'un ton capable de faire frémir l'homme le plus intrépide.

Premier Logement.

ENFIN me voilà dans une chambre tout-à-fait isolée, d'environ six pieds de largeur sur sept de longueur. Un lit de sangle, une chaise, un pot à l'eau, une écuelle et une cuiller de bois en composaient tout l'ameublement.

Les barreaux perpendiculaires de la fenêtre m'en laissaient la jouissance complète ; mais un bâtiment était en face, et toute ma vue se bornait à des tuiles et du plâtre. C'est là que je suis resté onze jours, et j'ai eu lieu d'y reconnaître qu'en me privant de ma montre, on ne m'avait ôté qu'un meuble inutile. Le jour et la nuit, j'ai compté presque toutes les heures, et j'en ai souvent passé 20 et 22 sans voir une figure humaine. Le seul bruit qui dans l'ombre frappât mes oreilles, était celui des énormes verrous dont je viens de vous parler. Au lever de l'aurore, quelques hirondelles avaient la complaisance de passer près de ma fenêtre, et si elles ont l'ouïe fine, elles ont dû entendre les remercîmens que je leur adressais. Des moineaux venaient de temps-en-temps se poser sur une cheminée et un petit toit à peu de distance ; c'étaient bien les *passereaux solitaires* dont un certain roi, devenu pieux, après avoir commis bien des crimes, a, je crois, parlé dans les pseaumes qu'il composait au temps de sa pénitence. Pour peu qu'on ait vu de ces oiseaux, l'on a été à portée de remarquer que l'expression du vieux débauché ne convenait guère aux volatiles les plus remuans et les plus amoureux; mais, vraisemblablement, il voulait parler de ceux qui se perchent sur les toits des prisons; car, sans doute par un effet de l'air qu'on y respire, mes tristes moineaux ressemblaient bien aux siens.

Rien de ce qui se présentait à mes regards n'était propre à adoucir les tourmens qui m'agitaient. L'innocence doit plus souffrir en captivité que le crime : le méchant a pu se préparer au sort qu'il éprouve; l'honnête homme en est atterré. A défaut d'objets extérieurs, j'ai tâché d'en chercher dans mon imagination qui pussent calmer, pendant quelques instans , mes chagrins ; et c'est vers vous que mon esprit s'est dirigé. J'ai pensé à ces deux tendres mères , à leurs aimables enfans ; j'aurais voulu que leurs noms fussent sans cesse sous mes yeux ; mais au moment où je prenais une épingle pour les graver, une réflexion m'a arrêté. Vos noms n'auraient pu s'imprimer sur les murs d'un bâtiment destiné à recevoir le crime , ou la vertu outragée aurait elle-même effacé l'ouvrage de mon imprudente main. Cette pensée m'a accablé , elle me privait de l'unique ressource que je pusse trouver contre mes ennuis. Après avoir beaucoup pleuré , l'affaissement a clos mes paupières ; mon sommeil a été de courte durée ; mais un songe bienfaisant m'a fourni les moyens d'exécuter en partie mon projet.

Si , au nom propre , je substituais des prénoms qui s'appliquent à tous les individus, sans les désigner d'une manière précise, mon cœur saurait bien reporter les sensations qu'il ferait naître, à ceux qui me sont chers; et je n'offenserais personne. Je n'ai point de réclamations à craindre de la part de ces saints dont nos pères crédules ont farci les calendriers surannés, méprisables monumens de leurs superstitions. A cette heureuse idée je me réveille, et déjà j'ai sous les yeux PAULINE et ÉMILIE: je les couvre de mes baisers, sans craindre que leurs mamans s'y opposent. Le plâtre me semblait bien froid, mais je le réchauffais avec mes lèvres, et j'avais au moins la satisfaction de n'en être pas repoussé. Pour rendre l'illusion plus complète, au lieu de me borner à des lettres creuses, je les ai gravées en relief: je trouvais plus de charmes à les embrasser ainsi, et (pardonnez à l'erreur de mon imagination) sous

cette forme, il m'est quelquefois ar-
rivé de croire que je sentais du mouvement. *Émilie, Pauline,* vous ne son-
giez guère à moi, tandis que j'étais
si occupé de vous ; mais ni vous,
ni vos mamans, n'aurez le courage de
me reprocher d'aussi innocentes jouissances.

Dans un de ces momens qui vous
étaient entièrement consacrés, ma porte
s'ouvre : le concierge entre. Je me plains
de n'avoir encore reçu de lui qu'une
visite, et quoique sa figure n'annonçât
pas un mauvais caractère, il me fait
ce terrible aveu : « L'habitude de voir
des malheureux endurcit le cœur des
hommes. »

Pourquoi d'abondantes larmes ne
peuvent-elles pas également en faire
tarir la source, et endurcir le cœur
de ceux qui souffrent ! Mais la sensibilité, ce don précieux de la nature
quand on n'est point dans l'infortune,

ne s'éteint qu'avec la vie , et elle semble creuser elle-même le tombeau des malheureux.

Abîmé dans ces pénibles rêveries, j'avais besoin, pour en sortir, de quelque stratagême qui pût ranimer mon espérance. Si j'avais eu des cartes, peut-être aurais-je cherché, en les tirant, à découvrir mon horoscope ; et pour la première fois j'aurais eu recours à cet art mensonger qui repaît de chimères l'esprit de nos bonnes vieilles : mais vous allez voir si j'ai été plus sage. Un papier renfermait des cerises ; après en avoir exprimé la pulpe, faisant glisser les noyaux entre le pouce et l'index, je les lançais le plus fortement qu'il m'était possible, et ma délivrance devait être plus ou moins prompte en raison de l'adresse que j'avais eue de les faire passer au-dessus d'un toit en face de ma chambre. Je calculais les jours d'attente par le nombre des noyaux ; et quand les premières épreuves ne m'avaient pas satisfait , je les renouvelais jusqu'à ce que leur résultat devînt plus favorable. Voilà à quoi était réduite la philosophie d'un homme qui auparavant combattait les préjugés de toute espèce. Liberté ! aliment du génie , son flambeau s'éteint - il pour ceux qui t'ont perdue ?

Le besoin de voir des êtres vivans me faisait destiner une partie de ma nourriture à attirer des insectes dans le plomb qui était sous ma croisée. J'étais devenu l'ami des mouches, que dans d'autres temps j'aurais chassées ; et avec elles, quelques dermestes , des aselles , et un plus grand nombre de cloportes, formaient en effet tous les individus de cette classe qui se présentaient à mes regards. L'aselle était le plus joli de ces animaux : vous en avez sûrement vu ; et pour vous rappeler cet insecte, il me suffira de vous dire que par son velouté argentin et la forme de son corps, il ressemble à un poisson, et que, dans sa marche rapide et glissante, il paraît, comme lui, sillonner l'élément liquide.

C'était sur-tout à l'approche de la nuit que les cloportes se retiraient de dessous les tuiles, dont l'ombre protectrice les avait garantis de l'ardeur du soleil ; quoiqu'ils se plaisent dans les lieux légèrement humides, ils n'aiment pas les surfaces couvertes d'eau, et pour les voir plus long-temps, j'en entourais quelquefois l'endroit où ils marchaient. Je ne parvenais pas toujours à éviter de les mouiller, et j'ai presque eu le chagrin de causer la mort d'un de ces petits animaux qui ne nuisent point. Cœurs sensibles, écoutez l'histoire de mon cloporte.

Renversé par une trop grande quantité d'eau, ses mille pieds, en se débattant, annonçaient les efforts qu'il

(15)

faisait pour se retourner ; mais le terrain était très - glissant ; il lui manquait un point d'appui , et ses tentatives furent inutiles. Je regardais de tous côtés si je n'apercevrais pas de ses camarades ; j'en vis un , puis deux autres, et je leur criai : *Petits ! petits ! secourez votre frère ! le voyez-vous ! là , là ! donnez-lui un coup d'épaule.* Mais , soit qu'un reste d'humidité les effrayât, ou qu'ils n'entendissent point parfaitement la langue que je leur parlais ; soit que l'instinct de ces animaux se borne à leur conservation individuelle , mon cloporte ne tira d'eux aucun secours. Cependant la nuit étendait son voile , et j'allais ne plus apercevoir la victime de mon imprudence , lorsqu'une écaille d'œuf , chassée par un coup de vent, passa sur le malade , et lui donna une impulsion salutaire , après laquelle il regagna lentement son petit réduit. Cet événement termina mon agitation , et je me couchai avec plus de tranquillité.

Deuxième Logement.

ON me transfère dans un autre corps de bâtiment. Placé au quatrième étage, j'occupe une chambre qui tire le jour par une ouverture d'un pied de hauteur ; encore pour y atteindre, fallait-il monter sur une chaise, et l'épaisseur du mur, traversée par trois barreaux, ne me permettait de voir qu'à une assez grande distance : mais tout était compensé par l'avantage de jouir, vers le soir, de l'aspect des femmes au moment de la promenade.

Un nouveau théâtre allait m'offrir de nouvelles scènes, et devenir la matière d'autres réflexions. Je distinguais peu les traits ; mais mon cœur avait besoin de se fixer, et je tâchais de trouver chez des êtres inconnus pour moi, des rapports avec les objets de mes souvenirs. Après avoir mis à l'écart toutes les femmes dont la tournure et la démarche ne pouvaient me présenter des objets de comparaison, j'examinais si, parmi celles dont l'air décent annonçait une ame candide et pure, je ne rencontrerais pas l'image vivante de ces deux adorables filles, dont la simple pensée avait tant contribué à soulager mes tourmens. Depuis quelques instans ma vue se fixait sur une jeune personne d'une taille élégante, vêtue de blanc, portant un tablier de couleur, et coiffée d'une baigneuse ; ses cheveux châtains, écartés sur les deux côtés du front, étaient négligemment retroussés, et formaient un large chignon qui se balançait mollement sur ses épaules. C'est… c'est… PAULINE ! me suis-je écrié ; et la chaise qui me soutenait s'étant dérangée par un mouvement involontaire, j'ai fait une chute, et me suis légèrement blessé à la jambe. Mais la sensation que j'éprouvais était trop vive pour me laisser sentir la douleur.

Bientôt j'ai repris la même place. A chaque tour de promenade mon œil se reposait agréablement ; ma bouche prononçait de tendres paroles, et des gestes qui n'étaient point aperçus complétaient leur expression. Mais, le croiriez-vous ! je n'étais pas entièrement satisfait ; et celui qui, la veille, n'avait pour compagnie que des cloportes, desirait encore quelque chose, après ce qu'il venait de trouver. Je voyais *Pauline*, mais *Émilie* n'était pas avec elle : il manquait à *Pauline* son inséparable amie, il manquait à mon cœur un des objets de ses affections. *Pauline* était triste, et je l'étais aussi.

Le passage, presque subit, d'une situation à une autre totalement différente, m'avait trop agité pour que je pusse me livrer au repos. Mon premier logement m'avait semblé une barrière impénétrable entre moi et les autres hommes ; à côté de l'existence, le néant était, en quelque sorte, devenu mon partage. Dans le second, j'avais aperçu une échelle de dégradations de l'espèce humaine. Non loin de moi, et dans un bâtiment opposé , était un malheureux qui depuis long-temps subissait un sort pareil au mien ; lorsqu'il appliquait sa tête contre l'ouverture destinée à lui procurer la lumière, le seul barreau qui la traversait, semblait diviser en deux parts une figure livide , desséchée par la douleur. J'avais vu des hommes et ensuite des femmes jouir de quelques momens d'une liberté factice, dans un terrain dont il ne leur était pas permis de franchir les limites ; des gardiens enchaînés eux - mêmes pendant vingt - quatre heures auprès de ceux qu'ils tenaient sous la clef; et enfin des ouvriers ou des étrangers appelés dans ces lieux pour différentes causes, et qui pouvaient en sortir à tous les instans. J'avais cru remarquer chez ces êtres divers les nuances par lesquelles les hommes libres se distinguent de ceux qui sont privés d'une portion de leur liberté, ou à qui elle a été entièrement ravie.

Le sommeil n'a point de prise sur un infortuné livré à de semblables réflexions : mes yeux ont veillé comme mon esprit ; mais la nuit suivante a été encore plus affreuse, et j'ai presque regretté de ne me plus trouver dans ma première solitude. Une heure venait de sonner ; les grilles s'ouvrent avec fracas ; des chevaux entrent dans la cour ; une vive lumière pénètre jusqu'à moi : je saute de mon lit, et je vois cinquante individus pressés dans trois voitures entourées de gendarmes, qui, d'une main, tenaient un flambeau, et de l'autre, un sabre nu. On fait descendre ces détenus, on les compte, et on les introduit dans l'escalier qui conduisait à ma chambre ; plusieurs montent sur le même palier, et j'entends pendant près d'une heure l'entretien qui a lieu entre eux et les gardiens, avant que l'impitoyable verrou ait impérieusement prescrit le silence. Combien j'ai souhaité que la clarté du jour vînt dissiper les sombres idées qui m'obsédaient! actuellement même que je vous les retrace, il faut, pour opérer une diversion, que je vous raconte une aventure déjà ancienne, qui, dans un voyage, m'a aussi empêché de dormir, mais dont la cause était bien différente, quoique la scène se fût également passée sur un escalier.

Je logeais au premier étage dans une auberge où se trouvaient plusieurs marchands qui conduisaient des chevaux à une foire. Il y avait peu d'heures que j'étais couché, lorsqu'un assez grand bruit me réveille: j'avais cru entendre frapper à ma porte: je l'ouvre, et le premier objet qui se présente est un cheval. Vous jugez quel a dû être mon étonnement de recevoir une telle visite. Peu curieux de partager mon lit avec un pareil compagnon, je ne fus pas fort civil; j'appelai mes voisins, qui n'eurent pas plus de complaisance. On pria l'animal de retourner à l'écurie; mais quoiqu'il eût bien monté les degrés, il fit des difficultés pour les descendre, et il fallut le garrotter et le faire couler sur des planches, pour le reconduire à son logis.

Le surcroît de prisonniers a occasionné le déplacement de plusieurs femmes qui ont été transférées dans un corps de bâtiment donnant sur une autre cour. Pendant plusieurs jours j'ai cessé de voir *Pauline*, et j'ai craint qu'elle ne fût du nombre des émigrantes. Peut - être néanmoins, disais - je pour me consoler, cette charmante personne, dont l'ingénuité contrastait tant avec le crime, a-t-elle été rendue à la liberté ; et tout en regrettant de ne la plus avoir dans mon voisinage , je ne pouvais m'empêcher d'applaudir à cet heureux événement.

La seule circonstance remarquable qui ait eu lieu pendant le reste du temps qu'on m'a laissé dans cette chambre , a été due au hasard. Je ne croyais pas être si près des femmes qui avaient changé d'habitation , lorsque , par une petite lucarne , j'entends une voix faible qui m'indique le sexe du gosier dont elle est partie. J'écoute , et je m'aperçois que les deux bâtimens étaient contigus. Deux femmes s'entretenaient sur les avantages et les incommodités de leur nouveau logement ; l'une d'elles raconta une scène attendrissante de la veille. Son amie avait recouvré la liberté ; avant de se quitter , elles s'étaient étroitement embrassées , et la première ayant conjuré celle qui rentrait dans ses foyers , d'instruire ses parens éloignés s'il lui arrivait quelqu'accident , elles avaient confondu leurs larmes.

On s'était promis , en finissant la conversation , de la reprendre le lendemain à la même heure , et je m'étais bien promis aussi d'être du rendez-vous; mais un troisième déplacement m'en a empêché.

Troisième Logement.

ON me fait traverser la cour , et l'on me conduit dans un petit bâtiment beaucoup plus près de la porte. Le gardien me dit que cette position m'annonçait l'approche de ma délivrance. Pour me consoler, j'en acceptai l'augure; mais en attendant qu'il se réalisât , dès la première nuit j'éprouvai un nouveau genre de supplice. Je fus attaqué par une légion formidable de ces insectes sauteurs , dont la piqûre laisse une empreinte purpurine.

A moins

A moins d'être un nouveau *Labre*, j'aurais défié l'homme le plus habitué aux mortifications, de supporter patiemment les coups multipliés de leurs aiguillons. La chambre n'était pas occupée depuis quelques jours ; mais si ces maudits animaux avaient jeûné, ils ont bien pris leur revanche, et se sont gorgés à loisir de mon sang ; leur superflu, imprimé sur le lin qui m'enveloppait, en a presqu'entièrement changé la couleur.

Aussitôt que le jour parut, je me disposai au combat ; mais, je l'avoue, je fus effrayé de la multitude de mes adversaires. Si j'avais plus de force, ils me surpassaient en agilité, et il s'en trouvait même de si intrépides, qu'ils avaient l'audace de pincer la main occupée à détruire une partie de leurs compagnons. Dans mon dépit je frappais du pied contre terre, et j'en voyais s'élancer de nouveaux soldats qui, tout armés de leurs dards, se précipitaient

B

sur mes jambes. Combien il m'a fallu de patience pour diminuer le nombre de ces cruels ennemis ! J'ai enfin acquis à cet exercice une dextérité dont je ne me soupçonnais point capable, et je crois que maintenant j'y pourrais lutter avec les femmes.

Presque tout le jour je suis resté grimpé sur la planche qui m'élevait jusqu'à l'extrémité supérieure de la croisée dont le bas était muré, et comme j'étais au second étage, je pouvais beaucoup mieux distinguer les objets. Les détenus ne quittent point leur chambre durant la matinée : j'ai peu vu de personnes étrangères ; mais quelques moineaux cherchaient en vain des alimens sur un pavé aride ; je partageais mon pain avec eux ; ils mangeaient sous mes yeux les plus petits morceaux, et après s'être disputé les plus gros, le vainqueur, tout joyeux, s'envolait avec sa proie. Du sein de la misère et de l'oppression je procurais donc des moyens d'existence à des êtres libres ! Cette réflexion avait quelque chose de triste que je ne pouvais expliquer.

Enfin l'heure du dîner est passée. Les hommes sortent : le jeu de balle contre un mur ou celui du loto font l'amusement de ceux qui ne se bornent pas à la promenade. C'est alors qu'on laisse pénétrer entre les grilles, mais sans communication verbale, les personnes qui apportent du linge ou d'autres effets pour les détenus, dont on ne leur interdit pas l'aspect. J'en remarque un qui reçoit un paquet ; se retournant aussitôt vers la grille, il tire de sa poitrine un médaillon qu'il baise et rebaise affectueusement. Une main portée sur son front m'annonce la présence de son amie, et le tourment qu'il éprouve d'en être séparé. Avec un si bon cœur on n'est pas criminel. L'ouverture du paquet m'a confirmé dans l'opinion que cette scène m'avait donnée des deux amans. Il contenait un bouquet qui m'a paru composé de deux sortes de fleurs, la *Pensée* et l'*Immortelle*. Brave jeune homme, cette ingénieuse allégorie prouve que l'objet de ton amour est une femme aussi spirituelle que tendre. J'ai beaucoup regretté de ne la pas voir, et j'ai vivement senti que, malgré le chagrin de la privation, mes peines auraient été plus faciles à supporter si elles eussent été également partagées.

Si la chambre dans laquelle je me trouvais était située de manière à m'offrir quelques tableaux intéressans pendant le jour, elle semblait destinée à me faire passer de bien fâcheuses nuits. Dès la seconde, mon nouveau gardien, qui était fort peu exact à son poste, enferma dans l'escalier un chien dont les hurlemens ajoutèrent à l'horreur des ténèbres dans un pareil séjour. Cet animal ne faisait que monter et descendre, en jetant des cris lamentables. Il se débattait souvent près de ma porte, comme si, dans les fers, j'eusse pu le remettre en liberté. Cruel gardien, aie plus de pitié des malheureux, apprends à respecter leur sommeil; c'est le seul bien qui leur reste, c'est l'unique soulagement qu'ils puissent éprouver.

La veille, j'avais aperçu à une mansarde une jeune fille que j'ai jugée être une ouvrière, et qui était infiniment laborieuse. De grand matin elle était occupée à travailler, et moi à la considérer. J'ai fait au gardien des questions à son sujet, et j'ai appris qu'en effet elle ne subsistait que de l'ordinaire de la maison, et n'avait aucune autre espèce de ressource. Cette petite infortunée ne descendait de son toit que quand le jour ne lui permettait plus de se livrer au travail, et alors elle venait

pendant quelques instans se promener
à l'écart. Je n'ai pas bien distingué ses
traits, mais je ne doute pas qu'ils ne
fussent agréables : j'aurais bien voulu
trouver quelques moyens de lui faire
parvenir des secours, et si elle ne se fût
pas tenue constamment éloignée de ma
fenêtre, je crois qu'au risque de l'of-
fenser, j'aurais laissé tomber un assignat
à ses pieds ; mais cette occasion, soigneusement guettée, ne s'est jamais
offerte, et après peu de jours j'ai
même été privé du plaisir de la voir,
sans que je pusse découvrir ce qu'elle
était devenue.

Si je n'ai pas eu l'inappréciable avantage d'alléger les maux de l'indigence
sous les dehors de l'honnêteté, j'ai
éprouvé une autre satisfaction qui ne
m'a point permis de me plaindre du
sort. J'ai retrouvé *Pauline*, et, j'ai presque honte de le dire, je me suis
applaudi de revoir dans le séjour de

l'esclavage, une femme que je croyais
rendue à la liberté. Est-ce donc un
soulagement pour les malheureux, que
d'avoir des compagnons de leur infortune; et dans les chaînes, n'a-t-on pas
le courage de souhaiter le bonheur de
ses semblables ! Oh ! non, je ne peux
me figurer que la nature permette un
tel avilissement, et sans doute c'était
le choc de plusieurs sentimens opposés
qui causait dans mon cœur cette joie
indiscrète, contre laquelle se soulevait
ma générosité.

Pauline avait probablement été malade : je la voyais d'assez près ; sa figure était pleine de grâces, mais ses
joues décolorées annonçaient qu'elle
avait beaucoup souffert : elle parlait
peu, levait rarement les yeux, tenait
un livre à la main, et sa mélancolie
ajoutait encore à l'intérêt inspiré par
ses charmes.

Vous avez trop de sagacité pour

ne pas avoir observé, dans une foule d'occasions, que les enfans possèdent au suprême degré le sentiment de la beauté ; il me semble qu'un instinct particulier les dirige vers elle ; dans les sociétés, dans les promenades, par-tout, on les voit rechercher de préférence les plus jolies personnes, et la pomme appartient presque toujours à celles auxquelles ils la donnent. Quand la distance m'aurait empêché de juger par mes propres yeux des attraits de *Pauline*, la petite fille d'une des prisonnières aurait été ma pierre de touche. Quoiqu'il ne parût pas exister de rapports entre *Pauline* et sa mère, cette enfant accourait sans cesse auprès d'elle, lui prenait la main, s'écartait quelquefois, mais ne manquait pas de revenir.

J'aime beaucoup les enfans ; et cette circonstance m'en rappelle une autre que vous me permettrez de vous retracer. J'étais un jour assis dans un des parterres du jardin des Tuileries ; à cette époque , les mamans et les bonnes étaient dans l'usage d'y conduire des enfans qui folâtraient sur le gazon. L'un d'eux se précipite vers moi en criant : *Papa ! papa !* Je m'apprêtais à le recevoir dans mes bras , lorsqu'il aperçoit sa méprise , et retourne tout honteux vers sa bonne. Cher petit , ton père était certainement plus bel homme que moi , mais il n'avait pas un meilleur cœur !

Je devais naturellement m'attacher à mon logement , d'après les jouissances qu'il m'avait procurées , et les consolations que je semblais encore en droit d'en attendre ; mais un soir j'ai eu bien peur d'en être expulsé , et ç'a été pour moi une autre nuit de douleur. Deux voitures remplies de femmes arrivent ; les prisonnières descendent à la porte de mon escalier , et je l'entends ouvrir. On vient visiter les chambres vides , pour reconnaître les localités ; la mienne contenait plusieurs lits, et c'est ce qui augmentait ma frayeur ; mais au-dessous et au-dessus de moi il s'en est trouvé suffisamment , et j'en ai été quitte pour la peur. Les femmes étaient entrées et couchées depuis environ deux heures , lorsque j'entends un nouveau bruit de voitures ; on pénètre encore dans l'escalier , et pour cette fois , j'ai pensé que c'était un surcroît de prisonnières qui me forcerait à déménager nuitamment. Mais étant monté sur ma planche, je ne vis personne dans les voitures ; d'un autre côté j'entendis beaucoup de mouvement chez les femmes , et c'étaient elles en effet que déjà on allait transférer dans une autre maison. On leur donne à peine le temps de faire leurs paquets, les voilà parties.

Le lendemain *Pauline* se montre, et je vois encore avec elle la même personne qui l'accompagnait la veille,

Celle-ci était plus petite et assez bien faite ; mais quoiqu'elle portât un chapeau rabattu, j'apercevais assez sa figure pour m'assurer qu'elle n'était pas jolie. Ce fut dommage, car une nouvelle source de jouissances allait s'ouvrir pour moi ; j'aurais eu un double point de comparaison : mais comment retrouver ailleurs ces formes si délicates, cette taille si fine, ce petit minois si joli, tout cet ensemble si mignon ! La compagne de *Pauline* paraît lui être attachée ; bornons nous à ce trait de ressemblance.

La sensibilité de *Pauline* essuya ce jour-là une cruelle épreuve : une vieille et laide femme qui se faisait fréquemment remarquer par ses propos de halle, s'avisa de crier à la *guil*..... contre une personne avec qui elle était en débat. *Pauline* se couvre le visage de ses deux mains, et disparaît. Les prisonniers observent tout ; je la vis, en se retirant, recevoir quelque chose de la main d'une femme d'environ cinquante années, qui n'était presque jamais accompagnée que de son chien, et je résolus d'examiner à l'avenir s'il n'existait pas des rapports très-intimes entre ces deux personnes.

Une pluie assez considérable tombée le jour suivant paraissait devoir être un obstacle à la sortie des femmes, et j'en avais certainement autant de chagrin qu'elles; mais dans l'été les variations de l'atmosphère sont souvent de peu de durée, et la promenade eut lieu. Je n'en fus pas plus heureux pour cela; *Pauline* ne vint point. Sans doute, me disais-je, elle est malade. Oh! la maudite femme que celle qui avait été cause de cet accident!

Je partageais bien sincèrement les souffrances de *Pauline*, et j'aurais voulu ne m'occuper que d'elle toute la nuit, ma douleur aurait été moins sombre; mais un malheureux que l'on a amené

dans la chambre immédiatement au-
dessus de la mienne, lui a imprimé
une teinte lugubre. Cet homme venait
d'être mis dans les fers; il m'a replongé
dans la situation où je m'étais trouvé
le premier jour de mon arrestation. Je
l'entendais marcher rapidement d'une
extrémité de sa chambre à l'autre;
chacun de ses pas retentissait dans mon
cœur: il frappait à sa porte, mais le
gardien ne venait point; il s'asseyait,
se relevait, se débattait. Mon ame était
oppressée; mes larmes s'arrêtèrent dans
des canaux par lesquels nos chagrins
semblent quelquefois s'échapper avec
elles; je respirais à peine, et je croyais
à chaque instant me trouver suffoqué
par la douleur. Si vous pleuriez, *Pauline*, vous étiez moins à plaindre que
moi!

Les jours suivans je ne me suis presque plus mis à ma fenêtre. La promenade avait perdu pour moi tous ses

charmes : étendu sur mon lit, ma position avait plus de rapports avec celle
de *Pauline*, et sans l'arrivée d'un grand
nombre de nouvelles femmes, et le
bruit qu'elle occasionna, j'aurais at-
tendu son retour avant de me montrer;
peut-être même aurais-je mieux fait de
ne pas céder à un mouvement de cu-
riosité ; car ce dont j'ai été témoin
n'était guère propre à diminuer mon
affliction. Une de ces femmes qui avait
un air bien doux, et à qui, sans doute,
il était permis d'ignorer les usages de
la maison, s'écarte de l'endroit où elle
était descendue, pour faire une ques-
tion à l'un des agens : repoussée avec
dureté, elle se retire dans un coin;
deux amies la suivent, et ses sanglots
pénètrent jusqu'à moi.

Bientôt après l'on m'annonça un
quatrième logement, et, sans m'in-
quiéter du lieu, je déférai volontiers
à cet ordre.

Quatrième Logement.

CETTE fois je me trouve sous un toit. On me laisse le choix de quatre petites chambres dans le même corridor. Des noms féminins étaient au - dessus des portes. Je lis sur une, *Chambre de Nina.* Voilà la mienne, dis-je au gardien, et le verrou se referme.

Je ne pouvais apercevoir qu'une partie de la cour, dont j'embrassais auparavant une étendue plus considérable; mais j'étais vis-à-vis le bâtiment des femmes. Mon œil se fixait plus particulièrement sur une croisée au premier étage, où je voyais un vase contenant des œillets blancs. Ce symbole m'annonçait le séjour de l'innocence, et mon imagination travaillait beaucoup. Malheureusement la chambre était éloignée, et pour reconnaître les personnes qui l'habitaient, il aurait fallu qu'elles s'approchassent des barreaux.

La première journée ne m'a procuré aucune découverte. Quand la nuit a été parfaitement close, je me suis identifié avec *Nina*, j'ai pleuré avec elle, et, songeant à la fois à *Pauline* et à ma liberté, je prononçais à voix basse : *Quand le bien-aimé reviendra* . . . . . lorsqu'une flûte qui était dans le même bâtiment que moi, a fait entendre le même air. Les sons de cet instrument ne m'avaient pas encore paru si mélodieux. *Hélas ! hélas ! le bien - aimé ne revient pas !* l'accompagnement de ce touchant refrain partait du fond de mon cœur, et s'exhalait en longs soupirs.

Cette musique attendrissante m'aurait paisiblement fermé les paupières ; mais un sentiment que je n'avais pas encore éprouvé depuis ma détention, vint troubler mon repos. Le flûteur était dans la même direction que moi. Si cette fenêtre au pot de fleurs renfermait . . . . . . si c'était pour elle . . . . . .

Ah! *Pauline* a dû faire la même impression sur tous ceux qui l'ont vue. Le prisonnier qui sait tirer d'un instrument des sons si doux, la voit peut-être depuis long-temps, peut-être a-t-il eu le bonheur de s'en faire remarquer; affligé, comme moi, de sa maladie, il adresse des vœux pour le retour de sa santé. A quel titre pourrais-je songer à la préférence? Quand il n'aurait pas un cœur si tendre, une figure plus agréable déterminerait le choix en sa faveur. Un bel homme a toujours beaucoup d'avantage auprès des femmes, et la nature injuste place souvent l'ame la plus sensible sous l'enveloppe la plus repoussante.

Viens, Aurore, en apportant la lumière, viens, s'il est possible, dissiper mes tourmens! Sur un vaste coteau j'apercois des moulins; bientôt je distingue plusieurs bâtimens qui dominent sur le reste de mon horizon. Je reconnais

Montmartre. Aucune perspective ne pouvait être plus analogue à ma situation que celle d'un lieu dont le nom me rappelait des martyrs. La perte de ma liberté, la privation d'un objet ardemment desiré, la jalousie, me faisaient éprouver un triste supplice, et c'était un bien cruel martyre que je souffrais moi-même.

A l'heure du lever des femmes j'attendais avec impatience l'ouverture de la fenêtre ; mais dans des endroits où l'on n'atteint aux croisées qu'en montant sur des chaises ou des tables, la main qui s'alonge pour les ouvrir ne laisse pas assez apercevoir le reste du corps pour donner les moyens de le distinguer. Enfin la femme au petit chien sort dans la matinée, et fait seule quelques tours de promenade dans la cour. Je remarque son chapeau de paille, et à l'instant de sa rentrée, calculant l'espace de temps qui lui était nécessaire pour parvenir à la chambre observée, j'y vois nettement traverser le même chapeau. Cette découverte n'a pas tardé à être suivie d'une preuve complète de ce que je soupçonnais ; j'ai aperçu dans la même journée les traits de sa fille, et j'ai conçu l'espoir de la revoir bientôt.

C'est donc en face de moi qu'habite *Pauline !* elle est là avec sa mère. Mais pourquoi donc ne sont-elles ensemble que dans leur logement ? pourquoi leur isolement absolu à la promenade ? Ici je ne voyais plus de rapports entre les deux *Paulines*, et mes réflexions n'étaient pas à l'avantage de celle-ci. *Pauline* aime bien sa mère, *Pauline* accompagne toujours sa mère, et elle ne s'en séparerait pas même pour *Émilie !*

Il n'est point de sentiment au-dessus de l'amour filial. L'attrait qui porte un sexe vers un autre est plus impétueux, mais une partie de notre existence est déjà écoulée quand il prend naissance chez nous; il s'affaiblit et s'éteint avec l'âge; l'autre commence avec la vie, et ne finit qu'avec elle. L'enfant, en jetant son premier cri, demande le sein de sa mère, et il y puise avec le lait une affection qui fait partie de lui-même; la reconnaissance se transmet, pour ainsi dire, avec les sucs nourriciers, et s'incorpore dans la substance de l'individu qui croît. Sans une de ces difformités monstrueuses, qui heureusement sont rares, l'amour de sa mère, abstraction faite du charme qu'on y trouve, est indépendant même de la volonté; c'est une sorte d'instinct qui, depuis l'animal le plus brut jusqu'à l'homme le plus parfait, est peu susceptible d'altération, tant il est naturel aux êtres vivans.

Je ne pus me déterminer à croire qu'un reproche d'indifférence pour sa mère fût applicable à la belle *Pauline*, et j'aimai mieux penser qu'elle était de cette caste. chez laquelle l'orgueil avait créé des habitudes destructives de l'union qui doit exister entre les membres d'une même famille ; où l'époux vivait loin de sa femme , qu'il se gardait bien d'appeler de ce nom ; où la mère était même fort souvent séparée de ses enfans , dont les équipages étaient différens , et dont les hôtels étaient divisés en autant d'appartemens qu'il y avait d'individus , à chacun desquels était attachée une multitude de serviteurs ayant des fonctions particulières et distinctes.

Cette considération disculpait *Pauline ;* mais combien je regrettais qu'elle ne fût pas née dans cette classe si précieuse de la société où l'on ne rougit jamais de l'amour conjugal , où l'union des époux fût toujours la base d'un bonheur solide , et la source des vertus !

Enfin *Pauline* revient à la promenade.

elle avait toujours de la fraîcheur ; mais, malgré la distance , j'ai cru m'apercevoir que l'incarnat avait disparu de ses joues ; la couleur des roses ne se trouvait plus que sur ses lèvres. Son amie ne la quittait pas ; attentive à l'égayer, elle s'appliquait à diriger son attention sur les objets les plus propres à la distraire. Que je me plaisais à voir ses tendres soins! Les désagrémens de sa figure étaient bien rachetés par la bonté de son caractère , et jugeant, par cette épreuve , de celui des deux amies , mon estime pour elles augmentait encore.

J'eus la satisfaction de voir *Pauline* se ranimer de jour en jour ; beaucoup de femmes se disputaient l'avantage de l'entretenir ; (dans les prisons , sans doute , elles ne portent pas tant d'envie à la plus belle !) mais j'étais certain de l'honnêteté d'*Émilie* , et je craignais de trop fréquens rapports avec d'autres.

Une sur-tout me faisait ombrage , et c'était la plus empressée : babillarde s'il en fut , sa langue toujours en mouvement était secondée par une gesticulation continuelle , et sa tournure faisait un contraste parfait avec l'air modeste qui convient si bien à son sexe.

Heureusement, dès le troisième jour , j'ai remarqué beaucoup de froid , et les liaisons n'ont pas tardé à cesser entièrement ; j'ai même fait une nouvelle découverte qui m'a beaucoup tranquillisé à cet égard. La chambre de *Pauline* était contiguë à celle d'*Émilie*, et toutes deux avaient leur mère ; mais l'une d'elles était attaquée d'infirmités qui l'empêchaient de sortir, et je lui voyais seulement prendre l'air à sa fenêtre.

Mères de *Pauline* et d'*Émilie* , vous vous trouviez donc transportées sous mes yeux avec vos enfans ! Le ciel , prenant pitié de mes peines , avait , sans doute , inspiré au concierge l'idée de me donner une place où je pusse jouir d'un aspect si consolant. Mes mains étendues lui en ont adressé des remercîmens bien sincères, que j'ai renouvelés chaque jour pendant la durée de ma captivité.

Ah ! si des machines que je voyais amonceler dans la cour eussent été destinées à me priver de cette vue ! C'étaient des planches réunies en forme triangulaire, que l'on nomme *abat-jour*, et qui ne donnent que perpendiculairement accès à la lumière. Les malheureux aux croisées desquels ces machines étaient réservées allaient donc être privés de la ressource même de se voir ! Ensevelis dans une sorte de cachot où le jour ne devait pénétrer qu'à regret, allaient-ils continuer de vivre ou commencer à mourir !

Je ne vous retracerai pas les scènes déchirantes dont j'ai encore été témoin; le récit de tout ce qui n'imprime à

l'ame

l'ame qu'une douleur poignante doit être épargné aux personnes sensibles ; mais vous partagerez certainement la satisfaction que m'ont procurée deux époux. Arrivés depuis peu l'un et l'autre, ils furent placés dans des bâtimens où les détenus avaient la même cour ; mais la situation respective de leurs chambres ne leur donnait pas la faculté de se voir. Les heures de promenade étaient donc les seules dont ils pussent profiter, et ils n'en consacraient les instans qu'à se placer dans la position la plus commode pour se parler des yeux, du geste, et même quelquefois de la bouche. Tandis que les autres prisonniers jouaient ou parcouraient toute l'étendue de la cour, il semblait que l'endroit d'où le mari aurait cessé d'apercevoir sa femme, fût une limite qu'on lui eût interdit de franchir : et dans quel lieu l'épouse se plaçait-elle pour le considérer !

C

contre la fenêtre d'un escalier dont la porte restait close jusqu'à la rentrée des hommes. Le mari, pour n'être pas trop remarqué s'il eût toujours parcouru seul le petit espace dans lequel il circonscrivait sa promenade, avait engagé deux ou trois amis à l'accompagner tour-à-tour, et la femme avait aussi tâché d'obtenir d'une prisonnière la permission de se mettre à sa croisée; mais ils ne pouvaient s'empêcher de se dire ainsi quelques mots; et, soit par défaut de complaisance, soit par la crainte de se compromettre, on n'a pas laissé long-temps à l'épouse la jouissance de cette fenêtre.

Bornés à l'escalier et au langage des yeux, éprouvant même un grand obstacle par le soleil, dont les rayons s'étendaient sur la portion de terrain dans laquelle l'entrevue pouvait avoir lieu, il ne restait à l'heure de la sortie des femmes qu'une seule ressource pour être à portée de se voir de plus près, et même de se parler. Au lieu de forcer les hommes à rentrer dans leurs chambres aussitôt après la clôture de leur promenade, on renfermait dans une galerie au rez-de-chaussée ceux qui aimaient mieux rester debout et considérer les femmes, que d'aller se reposer chez eux : l'époux chéri, et qui méritait bien de l'être, avait soin d'attendre à la porte de cette galerie l'instant de son ouverture, pour se pouvoir placer au premier rang, et la tendre épouse, qui avait fait choix d'une compagne, ne s'écartait presque jamais de cet endroit.

Délicieux tableau de l'amour conjugal, je n'avais pas besoin de toi pour en apprécier les charmes ! Ce n'est point par goût ni par système que je suis resté célibataire. Depuis plusieurs années je soupirais après une union sans laquelle je sentais chaque jour un vide à remplir dans mon existence; mais on ne doit point s'exposer à faire le malheur d'un être qui consent à lier son sort au nôtre. Privé des dons de la fortune, il fallait tâcher d'en réparer les torts ; je m'en occupais sans relâche. J'ai exposé ma santé, j'ai constamment supporté toutes les privations, pour ne jamais quitter mon poste. Je ne connaissais point la division du temps en jours et en heures de repos ; aucun fonctionnaire n'a mis plus de zèle et de civisme à remplir ses devoirs ; et voilà l'homme à qui la haine ou l'envie ont fait perdre en un instant le fruit de tous ses travaux, et enlevé toutes ses espérances !

Mais s'il ne me reste qu'une conscience pure, je n'en suis pas moins sensible aux événemens heureux pour ma patrie. De mon toit je remarque une illumination ; les signes de l'alégresse publique ont frappé mes regards, et si le cri de la victoire n'est point parvenu à mon oreille, il a retenti dans mon cœur. Nos armes triomphent, les valeureux Français ont vaincu leurs ennemis !

Comme j'étais peut-être le détenu le plus contemplatif, c'est moi qui le premier ai vu le dôme du palais national briller de feux ; j'en ai prévenu mes voisins qui, sur-le-champ, ont entonné *l'hymne des Marseillais*, et lui ont fait succéder ces airs :

> Mourons pour la Patrie, &c.

> Nous ne reconnaissons,
> En détestant les rois,
> Que l'amour des vertus, et l'empire des lois.

Peu de jours après, les mêmes signes ont encore excité le même enthousiasme.

Le bonheur public a été suivi pour moi d'une circonstance heureuse. Lorsque, dans l'impossibilité de se livrer à aucune sorte d'occupation, les facultés de l'homme ne peuvent se développer que par la pensée, il éprouve le besoin de retracer par quelques signes les idées qui l'ont le plus affecté. Je n'avais pu jusqu'alors me procurer que du charbon, et les caractères formés avec cette substance occupaient trop d'espace ; j'avais d'ailleurs peu de mauvais papier, et il fallait le ménager pour d'autres usages. Ayant trouvé dans mon troisième logement les débris d'un vieux sabot, et me servant pour pilon du pied d'une chaise, j'avais, à la vérité, broyé du charbon et composé de l'encre que j'employais avec les dents d'un peigne ; mais tout cela ne me fournissait les moyens que de représenter par quelques mots ce que je desirais de pouvoir étendre davantage. Ma pensée restait emprisonnée comme mon corps : le sentiment comprimé dans mon ame voulait se répandre, et une plume était nécessaire pour faciliter cet épanchement.

Combien j'avais eu lieu de reconnaître
la justesse de cette réflexion d'Héloïse:

L'art d'écrire, Abailard, fut sans doute inventé
Par l'amante captive, ou l'amant agité !

Enfin l'on m'apprend que je ne suis
plus au secret. Ce changement dans ma
situation, qui m'annonçait l'approche
d'un plus considérable, me permettait
de jouir de la promenade comme les
autres détenus; mais plusieurs considérations m'ont déterminé à n'en pas
profiter, et j'ai demandé, pour toute
grâce, une plume, de l'encre et du
papier. Me voici donc écrivant ces
mémoires en face des lieux où respi-
rent *Émilie* et *Pauline*. Si elles eussent
plus souvent dirigé leurs regards vers
moi, les étincelles parties de leurs yeux
auraient enflammé mon imagination,
et auraient rendu mes expressions plus
énergiques; mais quel motif les aurait
portées à considérer sous un toit un
personnage à longue barbe, dont l'air

farouche semblait offrir les traits d'un criminel! Charmans enfans, je ne vous reproche pas vos dédains, ils étaient assez naturels ; mais si vous appreñez un jour quel était l'homme qui avait tant de satisfaction à vous contempler, peut-être aurez-vous quelques regrets de l'avoir si mal jugé. Pour moi, rentrant bientôt dans la société , je vais vivre loin de vous, je n'emporte pas même l'espérance de vous revoir; mais je me promets bien de visiter vos patrones ; celles dont vous m'avez retracé l'image, me rappelleront aussi la vôtre ; vous serez toujours présentes à mon souvenir , et mon cœur, reconnaissant des consolations qu'il vous a dues , n'aura jamais l'injustice de vous oublier.

J'avais déjà payé par mes travaux une partie de la dette dont tout citoyen est comptable à son pays : par le sacrifice de ma liberté, je pourrais penser qu'elle se trouve acquittée tout entière ; mais loin de moi de pareils calculs : ma patrie n'a pas cessé un instant de m'être chère. Dans les crises d'une révolution , la nécessité des circonstances exige souvent des mesures rigoureuses qui ne peuvent être précédées des vérifications qu'on aurait faites en des temps plus calmes. Toutes les considérations particulières doivent alors céder à l'intérêt public, et sans me permettre des plaintes , si je peux encore être utile à ma patrie, je fais le vœu de lui consacrer tous mes moyens jusqu'à mon dernier soupir.

F I N.